FILM IM FRANZÖSISCHUNTERRICHT

Jean-Pierre Jeunet,
Guillaume Laurant

Le fabuleux destin d'Amélie Poulain

Dossier pédagogique

par
Adelheid Kumpf, Petra Schmid et Niels Stock

Ernst Klett Verlag
Stuttgart Düsseldorf Leipzig

Jean-Pierre Jeunet, Guillaume Laurant

Le fabuleux destin d'Amélie Poulain

Dossier pédagogique

von Adelheid Kumpf, Petra Schmid und Niels Stock

Das vorliegende Dossier begleitet den gleichnamigen Film bzw. die Klett-Ausgabe des Drehbuchs (ISBN 3-12-598440-8).

Inhalt

Bildquellen:
KV 1: MEV; KV 2 und 17: *Le fabuleux destin d'Amélie Poulain*, de Jean-Pierre Jeunet – produit par MMC Independent et UGC Images. Conception graphique : Laurent Lufroy; KV 4 und 5: Luc Desportes (© Jean-Pierre Jeunet et Luc Desportes); KV 7: Artothek, Weilheim; KV 8: Sepp Buchegger, Tübingen; KV 9, 10, 15, 19 : *Le fabuleux destin d'Amélie Poulain*, de Jean-Pierre Jeunet – produit par MMC Independent et UGC Images; KV 12: *Les Idiomatics français-allemand* (illustrations de Nestor Salas), Initial Groupe, coll. *Point-Virgule*, Editions du Seuil, 1989, coll. *Points Virgule*, nouvelle série 2002).
Malgré tous les efforts entrepris, il ne nous a pas été possible de joindre les auteurs ou ayants droit de certaines illustrations reproduites dans cet ouvrage. Les personnes concernées sont invitées à se mettre en rapport avec la rédaction afin de régler à l'amiable la question des droits de reproduction.

1. Auflage 1 5 4 3 2 1 | 2007 06 05 04 03

Alle Drucke dieser Auflage können im Unterricht nebeneinander benutzt werden, sie sind untereinander unverändert.
Die letzte Zahl bezeichnet das Jahr dieses Druckes.

Internetadresse: http://www.klett-verlag.de

Redaktion: Régis Titeca

Druck: Gutmann & Co. GmbH, Talheim.
Printed in Germany.
ISBN 3-12-598441-6

9 783125 984417

Fabelhafte Amélie

Der Einsatz von authentischem Material im Oberstufenunterricht ist ein zentrales Element für die Entwicklung von Kulturverständnis und für die Förderung des interkulturellen Lernens. Neben dem Buch und dem Pressetext ist vor allem der Film ein Medium, welches diesen Anforderungen gerecht wird. Zudem birgt er für die Jugendlichen gegenüber einer ausschließlichen Lektüre ein weit höheres Motivationspotenzial, das nicht zuletzt aus einem einfacheren Verständnis der audiovisuellen Filmsprache resultiert. So fördert und unterstützt das Medium Film par excellence das Hör- und Sehverstehen der Schülerinnen und Schüler*, welches zu Recht immer stärker von der Fremdsprachendidaktik eingefordert wird.
Als besonders geeignet für Unterrichtszwecke erweist sich Jean-Pierre Jeunets Film *Die fabelhafte Welt der Amélie,* von welchem man durchaus behaupten kann, dass er den französischen Film in Deutschland aus seinem Dornröschenschlaf erweckt hat. Dieser liebevoll gemachte Film präsentiert Paris von seiner märchenhaften Seite und stellt eine Figur in den Mittelpunkt, die im Handumdrehen alle Herzen erobert. Einerseits ein Spiegel der französischen Realität, anderseits eine fiktive Geschichte, die außerhalb Frankreichs kaum denkbar wäre.
Nicht nur inhaltlich ist *Le fabuleux destin d'Amélie Poulain* in puncto Vielseitigkeit schwer zu übertreffen. Der Film bietet unzählige Ansatzpunkte für kreative Arbeitsaufträge sowie für freie und offenere Arbeitsformen.
Nicht zuletzt überzeugt der Film durch seine schönen Bilder und lädt das eine oder andere Mal zu träumen ein. Und welcher Schüler träumt nicht gerne im Unterricht?

Konzeption und Einsatz des Dossier pédagogique

Das vorliegende Dossier pédagogique begleitet Jean-Pierre Jeunets Film *Le fabuleux destin d'Amélie Poulain* sowie die letzte Fassung dessen Drehbuchs. Die Lektüre des Drehbuchs als Ergänzung zum Film ist auf jeden Fall zu empfehlen, nicht nur aber vor allem, weil somit das Textverständnis auch in schwierigen Dialogen gewährleistet ist. Achtung: Die Inhalte von Film und Drehbuch sind fast, jedoch nicht ganz deckungsgleich (siehe Hinweis auf der Innenumschlagseite des Schülerbuchs), wobei die Abweichungen an geeigneten Stellen dieses Dossier thematisiert werden.
Da Jeunets Film für die Schüler stellenweise nicht leicht zu erschließen ist, empfiehlt es sich, Film und Drehbuch zunächst in Abschnitten zu erarbeiten – wobei diese Abschnitte kürzer oder länger als ein Buchkapitel sein können (siehe Teil II – *Während der Lektüre / der Filmvorführung*). Erst *danach* sollte der Film in seiner Gesamtheit vorgeführt werden.
Das Dossier ist so konzipiert, dass die Unterrichtenden von den zur Verfügung gestellten Aufgaben diejenige auswählen können, die in dem von ihnen gesteckten zeitlichen Rahmen und nach den Voraussetzungen der Lerngruppe (Größe, Leistungsstärke, Motivation) sowie nach eigenen Präferenzen zur Behandlung von Film und Drehbuch geeignet erscheinen. Dabei berücksichtigen die Unterrichtsvorschläge die zur Zeit gängigen Methoden des schülerzentrierten Unterrichts, des kooperierenden Lernens und der Handlungsorientierung, weil dadurch die Eigenverantwortlichkeit und die Kreativität der Lernenden am besten gefördert werden können.
Die nachfolgenden Hinweise und Erläuterungen stehen in engem Zusammenhang mit den 21 in diesem Dossier enthaltenen Kopiervorlagen (nachfolgend „KV" abgekürzt). Diese können ohne vorherige Genehmigung des Ernst Klett Verlages auf Folien für den Tageslichtprojektor kopiert und / oder – in den meisten Fällen – als vervielfältigte Arbeitsblätter an die Schüler verteilt werden. Sie sind oben rechts mit einem Kopiersymbol und einer laufenden Nummer versehen.
Die im einzelnen aufgeführten methodischen Erläuterungen und die oft mitgelieferten Erwartungshorizonte sind grundsätzlich nicht als zwingende Vorgaben gedacht, sondern als arbeitstechnische und interpretatorische Möglichkeiten zu verstehen. Den Unterrichtenden sollen Arbeitserleichterungen an die Hand gegeben und Perspektiven eröffnet werden, ohne dass dadurch jedoch ihre Eigeninitiative eingeschränkt wird.
Alle Seiten- und Zeilenverweise, die in diesem Dossier angeführt werden, beziehen sich auf die Klettfassung des Drehbuchs (ISBN 3-12-598440-8). Die Zeitangaben beziehen sich wiederum auf die *Video*fassung, die u.a. bei Lingua Video (www.lingua-video.com) erhältlich ist. Zur Feinabstimmung der Zeitangaben siehe nächste Seite unten.

** Der Lesbarkeit halber wird im Folgenden nur noch von „Schülern" und „Lehrern" gesprochen. Selbstverständlich sind beide Geschlechter gemeint.*

I Vor der Lektüre / der Filmvorführung

Au plaisir... (KV 1)

Diese KV dient als Einstieg in die zentrale Thematik des Films: *„rendre les gens heureux“* ist das Leitmotiv der Amélie *im* Film, aber auch das, was Jeunet *mit* seinem Film intendiert hat (siehe Interview im Schülerbuch, S. 78).

Aufgabe 1 erfordert ein Minimum an Vorbereitungszeit (sie kann ggfs. als vorentlastende Hausaufgabe aufgegeben werden), das Zusammentragen der individuellen Ergebnisse kann im Plenum erfolgen.
Alternative zu Aufgabe 2: die „Beschenkten“ könnten die anderen Schüler der Klasse sein, deren Namen vorher auf Kärtchen geschrieben wurden. Diese werden gemischt und von den Schülern gezogen. Jeder Schüler sollte nun dem von ihm gezogenen Mitschüler ein virtuelles Geschenk machen – oder aber eine reale kleine Freude bereiten.

Un film fabuleux (KV 2)

Diese KV könnte auf Folie kopiert und mit dem Tageslichtprojektor als „Einstimmung“ präsentiert werden. Die Schüler beschreiben das Plakat, lassen ihren Assoziationen freien Lauf bzw. formulieren die Erwartungen, die sie bezüglich der Filmfigur Amélie und den Filminhalten haben.

Le prologue 00’14” – 01’11” / S. 3

Nach KV 1 kann die Filmeinführungssequenz (vor dem eigentlichen Vorspann) vorgeführt werden. Die Schülererwartungen und ihre Spekulationen über die möglichen Inhalte des Filmes werden mündlich gesammelt. (Diese können aber auch zwecks Auswertung nach dem Film schriftlich festgehalten werden.)
Man beachte, dass bereits an dieser Stelle der Filmtext nicht völlig mit dem Drehbuch übereinstimmt (betrifft die Orte und die Namen von Personen). Um aber die Neugier der Schüler auf den Film nicht sofort durch filmtechnische Erörterungen zu bremsen, sollten die Abweichungen zwischen Film und Drehbuch jedoch noch nicht thematisiert werden. Diese sollten zu einem späteren Zeitpunkt angesprochen werden, und zwar rückwirkend in KV 5.

Startzeiten der Filmsequenzen bzw. Kapitel

Zur Abstimmung der Zeitangaben: Der Zähler ist auf 0.00’00” zurück zu stellen, wenn die Filmmusik einsetzt, d.h. unmittelbar nachdem das UGC-Logo vollständig erschienen ist. Leichte Abweichungen sind bei manchen Videogeräten nicht auszuschließen, diese sollten dann individuell „korrigiert“ werden.

0.00’14”	Prologue *(séq. 1)*	0.32’55”	Chapitre 6 *(séq. 37)*	1.09’21”	Chapitre 13 *(séq. 80)*
0.01’11”	Générique	0.37’35”	Chapitre 7 *(séq. 42)*	1.17’34”	Chapitre 14 *(séq. 90)*
0.02’51”	Chapitre 1 *(séq. 2)*	0.45’03”	Chapitre 8 *(séq. 48)*	1.24’43”	Chapitre 15 *(séq. 98)*
0.08’52”	Chapitre 2 *(séq. 12)*	0.49’42”	Chapitre 9 *(séq. 55)*	1.29’00”	Chapitre 16 *(séq. 104)*
0.14’47”	Chapitre 3 *(séq. 22)*	0.52’47”	Chapitre 10 *(séq. 60)*	1.34’22”	Chapitre 17 *(séq. 107)*
0.20’03”	Chapitre 4 *(séq. 26)*	0.58’16”	Chapitre 11 *(séq. 69)*	1.40’47”	Chapitre 18 *(séq. 116)*
0.26’00”	Chapitre 5 *(séq. 33)*	1.04’06”	Chapitre 12 *(séq. 73)*	1.45’20”	Chapitre 19 *(séq. 121)*

II Während der Lektüre / der Filmvorführung

L'enfance d'Amélie (KV 3.1 und 3.2)

Diese Einstiegs-KV sollte *vor* Sichtung des „eigentlichen" Filmbeginns (d. h. direkt nach Beendigung des Vorspanns) und *vor* Lektüre der Drehbuchseite 4 verteilt werden.

1 Les parents 02'51" - 04'14" / S. 4, Z. 3 - 22

1 Réponses individuelles.

2 Zur Durchführung dieser Hörverstehensaufgabe sollte die o.g. Filmpassage zunächst *ohne Bild* vorgeführt werden (Fernsehgerät umdrehen oder abdecken bzw. Bild verdunkeln).
Zu beachten: Auch hier stimmt der Filmtext nicht völlig mit dem Drehbuch überein. (Zum Thema Abweichungen siehe KV 5.) Gegenstand dieser Hörverstehensaufgabe ist natürlich nur der Text der *Film*tonspur, die bei Bedarf mehrmals hintereinander dargeboten werden kann.
Son père n'aime pas…
- pisser à côté de quelqu'un
- qu'on regarde ses sandales avec dédain
- sortir de l'eau et sentir coller son maillot de bain.

Il aime…
- arracher de grands morceaux de papier peint
- aligner toutes ses chaussures et les cirer avec soin
- vider sa boîte à outil, la nettoyer et tout ranger enfin.

Sa mère n'aime pas…
- avoir les doigts plissés par l'eau chaude du bain
- être effleurée de la main par qn qu'elle n'aime pas
- avoir les plis des draps imprimés sur la joue le matin.

Elle aime…
- les costumes des patineurs artistiques sur TF1
- faire briller le parquet avec des patins
- vider son sac à main, le nettoyer et tout ranger enfin.

Impression générale : un couple rigide et peu ouvert.

2 Le cas Amélie P. (KV 3.2) bis 05'19" / S. 5, Z. 21

Vor Aufgabe 2 empfiehlt es sich vorab den Text bis o. g. Stelle zu lesen und/oder die entsprechenden Filmsequenzen zu sichten. Lösungsvorschlag:
POULAIN, Amélie, née le 3 juin 1976 à Enghien-les-Bains
Poulain, Raphaël, médecin
Poulain (née Fouet), Amandine, institutrice
Relations avec le père : distantes, peu de contacts physiques
Relations avec la mère : peu chaleureuses, déterminées par l'ordre et l'autorité ; mère très nerveuse
Relations avec l'entourage : peu fréquentes avec les voisins, très rares avec les autres enfants
Troubles : timidité, manque d'élan, anxiété, fantasmes
Remarques / Recommandations / Commentaires : solutions individuelles.

3 Le petit monde d'Amélie

1 l'examen médical mensuel avec son père / les tentatives de suicide puis la « libération » du poisson rouge / l'appareil photo qui « déclenche » un accident / la vengeance contre le voisin pendant un match de foot / la mort de sa mère, tuée par une touriste qui se suicide

2 Die Ergebnisse der Partnerarbeit können ggfs. als kleine Rollenspiele vorgeführt werden.

La prise de vue (KV 4)

Die KV 4 und KV 5 zum Thema Filmanalyse / Filmsprache sollten am besten direkt hintereinander eingesetzt werden. Idealer Standort ist zwischen Kapitel 1 und 2, nach der Lektüre des Drehbuchs bis S. 7 bzw. nach Sichtung der entsprechenden Filmsequenzen. Diese zwei Blätter können aber auch zu einem beliebigen, späteren Zeitpunkt ausgeteilt und behandelt werden.

1 17B plan d'ensemble, perspective neutre
3B1 plan rapproché, perspective neutre
3B2 gros plan, perspective neutre
10-3 plan d'ensemble, contre-plongée
10-4 plan moyen, plongée

2 Pour la plongée, la caméra se met généralement à la place d'un personnage qui est (ou se sent) plus grand que ceux qu'on voit sur l'écran : cela souligne la grandeur, la force ou la supériorité de ce personnage – ou la faiblesse et l'infériorité des autres. (Dans l'exemple 10-4, ce personnage est seulement placé plus *haut*…)
Pour la contre-plongée, c'est le contraire : la caméra prend la perspective d'un personnage qui est ou se sent faible ou inférieur à ceux qu'on voit sur l'écran.

3 la présentation du père devant les thermes d'Enghien, la présentation de la mère devant son école ;
fonction : faire la présentation rapide d'un personnage (en le montrant d'abord dans son milieu habituel / sur son lieu de travail, puis en se concentrant ensuite directement sur un détail important de son physique)

4 Le caméraman utilisera sans doute un *travelling avant très rapide / accéléré* pour simuler la perspective de la personne qui tombe du haut de l'église (voir 10-3, l'image précédente).

Du texte à l'image et au son (KV 5)

*1 **Du scénario au film*** 00'14" – 08'52" / S. 3 –7

1 a) 6-1(1) perspective neutre, plan moyen
6-1(2) perspective neutre, plan rapproché
6-2 perspective neutre, gros-plan
6-3(1) perspective neutre, plan d'ensemble
6-3(2) perspective neutre, plan rapproché
6-4 contre-plongée (légère), gros plan
6-5 plongée (légère), plan rapproché
6-6 contre-plongée, plan rapproché
6-7 contre-plongée (légère), gros plan

b) travelling avant de 6-1(1) à (2) et de 6-3(1) à (2)

c) Le poisson a changé de nom – sans doute pour éviter à celui qui lit le texte de la voix off de faire une allitération : le **s**eul ami… **s**'appelle le **C**éta**c**é.

2 Es sollte von den Schülern nicht erwartet werden, dass sie wirklich *alle* Detailänderungen im Kapitel 1 finden, diese werden hier nur der Vollständigkeit halber aufgelistet *(Erklärungen bzw. Hypothesen in Kursivdruck).*
Leicht wahrnehmbare Änderungen:
– p. 3, L. 1 à 12 : Les trois actions se situent à Paris (≠ dans le sud de la France / en Grèce / à New York), *pour ne pas devoir faire voyager toute l'équipe du film pour le tournage de ces scènes* OU *pour ne pas devoir construire de nouveaux décors* ET/OU *pour que le film se situe dans une même ville et ses environs et soit ainsi plus « homogène ».*
– p. 4, L. 5, 8 et L. 18-19 : Ces actions ont été remplacées par d'autres, *plus faciles à filmer* ET/OU *qui conviennent encore mieux à la psychologie des deux personnages.*
– p. 5, L. 15 : Les usines atomiques ont disparu – *il n'y en a pas près d'Enghien, Amélie n'en a jamais vues.*
– p. 5, L. 22 : le nom du poisson (voir ci-dessus 1c)
– p. 6, L. 20 : Amélie est sur le toit (≠ dans la cave), *le cable des antennes TV ne passant généralement pas par la cave et/ou le fait d'être assise en hauteur soulignant le sentiment de puissance de la petite Amélie.*
Weitere Detailänderungen:
– p. 3, L. 1 : 1973 (≠ 1975) – *pour rendre Amélie deux ans plus âgée, ce qui convient mieux au physique de l'actrice choisie pour jouer ce rôle.*
– p. 3, L. 1 : 18 h (≠ 12 h) – *peu probable, vus ses parents, qu'Amélie aît été conçue au milieu de la journée.*
– p. 3, L 2-3 : Une mouche calliphoridé a remplacé le moucheron forcypomia, *qui est beaucoup trop petit pour être visible dans un plan d'ensemble.*
– p. 6, L. 15 et 16 : L'incendie et un Boeing 747 ont remplacé le déraillement et la Caravelle – *on n'a sans doute pas trouvé de films d'archives correspondants.*
– p. 6, L. 28 et 30 : le texte a été abrégé (parvis de Notre-Dame et chagrin d'amour), *pour lui donner plus de rythme dans cette scène très rapide.*

*2 **Le son*** 00'14" – 10'25" / S. 3 –8

1 La voix off est celle qui *raconte* l'histoire, celle d'un narrateur omniscient qui fait penser à un conteur d'histoires anciennes ou à celui d'un *conte de fées.*

2 a) accentués : Gina faisant craquer les os de sa main (L. 14), Joseph crevant des pustules (L. 19-20), le bruit du bol d'eau du chat (L. 23) : ces bruits sont mentionnés dans le texte et ils correspondent à des sensations précises ou conscientes.

b) filtrés : les bruits de fond et les dialogues qui ont lieu pendant que la voix off parle : ces bruits gênent.

3 Réponses individuelles.

*3 **Les effets divers*** 00'14" – 10'25" / S. 3 –8

– Pas de *flash-back* dans ce passage, pas de *ralentissement* non plus.
– *Anticipation* : les scènes qui illustrent « l'événement qui va changer sa vie » (p. 8, L. 4) – Cela déclenche une certaine attente chez le spectateur.
Cette scène est aussi une *accélération.*
– Autre accélération (en fait, une *manipulation de l'image par ordinateur*) : la grossesse de la mère d'Amélie, vers la fin du prologue.
– Autre *manipulation de l'image* : les nuages en forme d'animaux (p. 6, L. 8).
- *Trucage* : la nappe qui fait danser les verres (p. 3, L. 8).
– *Personnage de synthèse* : le crocodile vert (p. 5, L. 12-13).
– *Animation / montage* : les divers dessins qui illustrent « le fruit de vos entrailles est béni » (p. 8, L. 12).
– *Inscriptions* sur les gros-plans qui présentent le père puis la mère (p. 4, L. 1-2 et 11-12).

Ces effets servent tous plus ou moins à donner au film un caractère un peu décalé par rapport à la réalité / un caractère fantaisiste comparable à celui d'un conte de fées.

Les événements du 31 août (KV 6)

Dieses Arbeitsblatt sollte *unmittelbar* nach Lektüre des Textes bis S. 10, Z. 16 bzw. nach Sichtung der entsprechender Textsequenz (bis 13'08") eingesetzt werden.

1 Mort d'une princesse
Zwei verschiedene Herangehensweisen kommen in Frage:
- Darbietung eines Fotos von Lady Di auf Folie (vergrößertes Foto der KV 6 oder anderes Bild der Prinzessin), ggfs. unter sukzessiver Einbeziehung der Schlagzeilen. Dann Bearbeiten der Aufgaben in der Großgruppe (1) und in Partnerarbeit (2).
- KV 6 kann aber auch den Schülern direkt ausgehändigt werden mit dem Aufttrag, die Aufgaben dieser ersten Rubrik als Hausaufgabe zu bearbeiten.

2 Renaissance d'un trésor 13'08" – 14'03" / S.10, Z. 15 - 27
Es empfiehlt sich, die betr. Filmsequenz vorher mit den Schülern anzusehen, wobei der Film unbedingt zu stoppen ist, *bevor* Amélie den Inhalt der Dose inspiziert!
Die drei Aufgaben können wahlweise in Einzel- Partner- oder Gruppenarbeit bearbeitet werden.
1, 3 Solutions individuelles.
2 En dehors de la photo, les objets représentés sont des jouets *d'enfant*. Le genre de jouet et l'intérêt du personnage pour le sport permettent de penser qu'il s'agit d'un jeune *garçon*.

Alternative Vorgehensweise
(ohne Vervielfältigung der KV 6)
Die Filmsequenz wird gezeigt und gestoppt, bevor Amélie den Inhalt der Dose inspiziert (14'03" bzw. S. 10, Z. 27).
Die Schüler bekommen die Hausaufgabe,
1. ein Objekt mitzubringen, das sie in einer solchen Dose hätten verstecken können, und
2. über dieses eine persönliche Geschichte zu schreiben (vgl. Aufgabe 3).

Am Anfang der nächsten Stunde werden alle Objekte auf einen Tisch gelegt, die Schülertexte werden gemischt und neu verteilt. Jeder liest den zugeteilten Text und die übrigen Schüler erraten, welcher Text zu welchem Objekt passt. Mündlich skizzieren sie zusammen ein „portrait du propriétaire" und erraten anschließend, um welchen Mitschüler es tatsächlich geht.

Danach wird der Rest des Kapitels sowie Kap. 3 und 4 gelesen und/oder die entsprechenden Filmsequenzen angesehen (bis 26'00'").

Au centre, mais en dehors (KV 7)

Diese KV könnte nach Lektüre des Beginns von Kapitel 5 (bis S. 20, L. 22 *oder* S. 22, Z. 3) bzw. nach Sichtung der entsprechenden Filmsequenz (bis 27'05" bzw. 28'50") eingesetzt werden.

1 Réponses individuelles.
Bei der Personenbeschreibung als Teil von Aufgabe 1 a) können die Schüler arbeitsteilig vorgehen – oder aber sie beschränken sich auf die Figuren, die sich im Vordergrund befinden.
2 Die Ergebnisse der kreativen Schreibarbeit könnten in Form von kurzen Rollenspielen oder von „sprechenden Standbildern" präsentiert werden.
3 Exemple de réponse : La jeune fille est au centre du tableau et au milieu des autres personnages, mais elle n'a pas de véritable contact avec eux, elle ne participe pas vraiment à la scène. Comme Amélie, qui est « toujours disponible », que « tout le monde aime bien », mais qui « ne se lie véritablement avec personne » (p. 8, L. 26-28) ... et ne participe donc pas vraiment à la vie.

Le coup de foudre : une recette (KV 8)

Bevor diese KV bearbeitet wird, sollte die Filmsequenz 40'10" - 41'45" gesehen und/oder die entsprechende Drehbuchpassage gelesen werden (S. 28, Z. 1 - S. 29, Z. 15). Stoppen, wenn Suzanne sagt *„Je peux même vous donner la recette"*.
Als Alternative zur Partnerarbeit ist auch Einzelarbeit oder Arbeit in Kleingruppen möglich.
Anschließend kann das beste (raffinierteste? amüsanteste?) Rezept von den Schülern prämiert werden.
Danach kann die Filmsequenz zu Ende gesehen bzw. das Kapitel zu Ende gelesen werden.

Nino (KV 9)

1 Nino enfant 20'03" – 21'33" / S. 16, Z. 1-23

Die Schüler sehen (ggfs: noch einmal) die Kindheitssequenz ohne KV an. Vor dem zweiten Sehen bekommen die Schüler die KV, anschließend kreuzen sie die richtigen Lösungen an :

vrai : 2 et 4 ;

faux : 1, 3 (à Paris) et 5 (une petite sœur).

2 Nino adulte 1.04'38" – 1.06'16" / S. 47, Z. 19 – S. 48, Z. 23

1 Für diese Hörverstehensaufgabe soll die betr. Filmsequenz zweimal *ohne Bild* vorgeführt werden (Fernsehgerät umdrehen oder abdecken bzw. Bild verdunkeln).
Die Schüler sollten schon *vorher* die Sätze und deren Ergänzungsvorschläge durchgelesen haben.
Das Ankreuzen der Lösungen erfolgt während des zweiten Hörens oder unmittelbar danach.
Zu beachten: die Lösungen sind dem Dialogtext nicht alle wortwörtlich, sondern teilweise *sinngemäß* zu entnehmen!
Die Lösungen werden überprüft und besprochen, nachdem die Schüler die Szene ein drittes Mal mit Bild angesehen haben.
a) 3 ; b) 2 et 3 ; c) 2 et 4 ; d) 3 et 4 ; e) 1, 2 et 4

2 la collection de rumeurs (p. 48, L. 4-8) et de messages téléphoniques p. 48, L. 8-10) – Ces séquences auraient été assez longues à filmer, cela aurait ralenti le rythme de la scène.

3 Nino a bien été en contact avec Amélie, mais *sans savoir* que c'était Amélie. Il fait noir dans le train fantôme et Nino ne voit Amélie que de dos : il ne l'a pas reconnue (d'autant qu'il ne l'avait vue avant que pendant quelques secondes).

3 Moi, Nino Quincampoix…

Je nach gewählter Situation bzw. Ziel der Vorstellung kann die Aufgabe schriftlich oder mündlich präsentiert werden. Im letzten Fall kann die Präsentation in Form eines kleinen Rollenspiels bzw. eines „'sprechenden Standbildes" stattfinden.

Les choses bougent… (KV 10)

Die vier Aufgabenrubriken dieser KV können entweder gruppenteilig oder hintereinander von allen erarbeitet werden.

1 Jeu de piste à Montmartre bis 1.13'35" / S. 52, Z. 28

1 Amélie n'aime pas « se confronter à la réalité » (voir p. 40, L. 15-19), sans doute parce qu'elle a peur d'être déçue (une forme de prudence ou de lâcheté ?).

2 – faire faire 4 photos d'elle-même (p. 52, L. 14-23) et les coller dans l'album de Nino ;
– trouver le numéro d'appel de la cabine téléphonique qui est près du manège, choisir une autre cabine pour appeler la première puis préparer sa monnaie ;
– dessiner les flèches sur le sol ;
– demander au mime de montrer du doigt la longue-vue quand Nino sera là et faire apprendre sa « leçon » au petit garçon pour qu'il la récite à Nino ;
– mettre un foulard et des lunettes de soleil.

3 Solutions individuelles.

2 Le nain voyageur bis 1.14'24" / S. 52, Z. 35

1 au Cambodge – C'est l'hôtesse de l'air Philomène qui emmène le nain avec elle en avion.

2 Pour donner à Raphaël Poulain l'envie de partir en voyage lui aussi.

3 Solutions individuelles.
b) L'adresse du site « officiel » du FLNJ : http://www.flnjfrance.fr.st/

3 Un nouveau couple

1 Georgette est tombée amoureuse !

2 Toutes sont un peu amusées.
Suzanne se montre ironique (p. 53, L. 13-14) ;
Gina est contente que Joseph la laisse tranquille (L. 17) ;
Amélie se demande si on peut voir qu'elle est, elle aussi, amoureuse (L. 24).

3 1) la « mise en route » (p. 29, L. 24 – p. 31, L.36)
2) les premiers pas (p. 41, L. 26 – p. 42, L. 12)
3) le passage à l'acte (p. 45, L.1- fin du chapitre)
4) le bonheur (p. 53, L.1 – 11)
Hypothèses : solutions individuelles.

4 Le retour de Zorro

Wenn die Filmsequenzen hinzugezogen werden, sollte die Auflösungsszene (1.20'01" – 1.21'22") erst nach Bearbeitung von Aufgabe 2 gezeigt werden.

1 Dans ces deux passages, Collignon humilie Lucien (il le traite de crétin, de légume, l'accuse d'avoir été « fini au pipi »).
Amélie aime bien Lucien et c'est parce qu'elle sait qu'il ne peut pas se défendre face à son patron qu'elle décide de punir elle-même Collignon.

2 *Chaussons* : Ils sont sans doute trop petits ou trop grands et Collignon doit croire que ses pieds ont augmenté ou diminué de taille.
Fil de la lampe de bureau : Amélie veut déclencher un court-circuit (Kurzschluss).
Téléphone : En pensant appeler quelqu'un qu'il connaît bien, Collignon doit être surpris en ayant quelqu'un d'autre au téléphone.
Ampoules : Elles sont sans doute moins puissantes que celles de Collignon ; l'épicier doit croire qu'il a un problème avec ses yeux.
3 Réponses individuelles.

En toutes lettres (KV 11)

Dieses Arbeitsblatt – das nach Möglichkeit auf DIN-A3-Format kopiert werden sollte – kann entweder nach dem „Diebstahl" der Briefe (1.13'58" – 1.14'23" / S. 41, Z. 22-25) oder, besser noch, unmittelbar nach deren Lektüre durch Amélie (1.17'34" – 1.18'26" / S. 56, Z. 1-24) eingesetzt werden. Die Schüler können wahlweise allein, zu zweit oder in Kleingruppen arbeiten. Sie benötigen Schere und Klebstoff, es empfiehlt sich auch, einsprachige Wörterbücher zur Verfügung zu stellen.
Nach Beendigung der Aufgabe kann der Rest des Kapitels gelesen bzw. die entsprechenden Filmsequenzen (bis 1.24'43") gesichtet werden. Die Ergebnisse der Schülerarbeiten können dann mit Amélies fingiertem Brief (S. 59, Z. 4-11) verglichen werden.

Tout est bien... (KV 12)

1, 2, 3 : Réponses individuelles. Exemples pour 2 :
Quelqu'un qui connaît les proverbes est une personne cultivée / qui aime la littérature / qui a le sens de la poésie / qui aime la culture et les traditions, etc.
4 a-2, b-3, c-1, d-2, e-2, f-1, g-1, h-3
5 A-b, B-h, C-d, D-e, E-c, F-g, G-f, H-a
6 a) Einen *Frosch* im *Hals* haben.
b) Avoir un *chat* dans la *gorge*.
c) Jemanden *durch den Kakao* ziehen.
d) Casser du *sucre* sur le *dos* de quelqu'un.

Suite et fin (KV 13)

Diese KV dient einserseits der Sicherung des Globalverständnisses der Filmhandlung, andererseits der besseren Übersicht der verschiedenen Nebenhandlungsstränge.
Das Blatt soll verteilt (und teilweise bearbeitet) werden, bevor der Film in seiner Gesamtheit vorgeführt wird und unmittelbar *bevor* die letzten Seiten des Drehbuchs (ab S. 76) gelesen bzw. die entsprechenden Schlusssequenzen (ab 1.47'29") gesichtet werden.

1 Réponses individuelles.
2 a) Zu Beachten: an zwei Stellen (in der Übersicht fett markiert) weicht auch die Chronologie des Films vom Drehbuch ab!
c) Siehe die unten angegebenen Stellen des Drehbuchs.

« stations »:	*scénario, p.*	*film*
1 poisson rouge	5-6	05'19'"
2 instamatic Kodak	6	06'23"
3 mort de la mère	6	07'46"
4 découverte de la boîte	10	13'05"
5 N. + A. / 1ère rencontre	16	20'03"
6 chasse aux Bredoteau	18	24'14"
7 Bretodeau et sa boîte	22-23	28'50"
8 nain / le vol	26	36'48"
9 Collignon / 1ère visite	38	50'53"
10 nain / 1ère photo	39	53'06"
11 Collignon / 1ère punition	40-41	55'11"
12 Walace / vol des lettres	41	**1.13'58"**
13 J. + G / premiers pas	41-42	56'52"
14 J. + G / passage à l'acte	45-46	1.01'50"
15 N. + A. / le train fantôme	49	1.06'50"
16 N. + A. / Montmartre	51	1.09'21"
17 Collignon / 2ème visite	55	1.16'40"
18 Walace / fabrication lettre	56-57	1.17'34"
19 mystère des photomatons	58	1.21'51"
20 Walace / arrivée de la lettre	58-59	1.23'13"
21 Collignon / 2ème punition	61	**1.20'01"**
22 nain / le retour	62	1.28'45"
23 J. + G. / la crise	71	1.40'47"
24 N. + A. / bonheur partagé	76-77	1.47'29"

3 Réponses individuelles.
(La fin du film – sans les paroles et les petits jeux de Nino et d'Amélie, p. 76-77 – est sans doute plus « poétique » que la version du scénario.)
Hypothèse :
La toute dernière séquence (1.51'00" – fin) a sans doute été transformée pour qu'elle ressemble, sur le plan de la forme, au début du film : une série de scènes plus ou moins quotidiennes qui se passent au moment même où un événement « important » se déroule, la naissance d'Amélie au début, sa découverte de l'amour à la fin. (De cette manière, « la boucle est bouclée ».)

III Nach der Lektüre / der Filmvorführung

Sur les pas d'Amélie (KV 14.1 und 14.2)

Mit Hilfe der KV 14.1. und 14.2 werden die inhaltlichen Aspekte des Films spielerisch wiederholt und gefestigt. Dies kann sich z. B. in der letzten Stunde vor der Klausur als sinnvoll erweisen. *Zeitbedarf:* ca. 30 Minuten.
Material: pro Schüler eine kleine Spielfigur; je Gruppe ein Spielplan (KV 14.1), der nach Möglichkeit auf DIN-A3-Format zu kopieren wäre, sowie 36 aus KV 14.2 ausgeschnittene Karten (ebenfalls vergrößert). Die Karten können in der vorgegebenen, grob chronologischen Reihenfolge gezogen oder aber vorher gemischt werden.
Bei der Gruppenbildung empfiehlt es sich allzu heterogene Leistungsgruppen zu vermeiden.

Portrait de groupe avec dame (KV 15)

Alternativ zu den angegebenen Arbeisanweisungen können auch die „Dufayel-, Lucien-, Georgette- und Collignon-Spezialisten" (d. h. die Schüler, die sich innerhalb einer Vierergruppe für die jeweilige Figur entschieden haben) *zusammen* an ihrem Figurenportrait arbeiten. Anschließend formieren sich die Vierergruppen wieder, und jeder „Spezialist" stellt dort das betr. Portrait vor.
In größeren Lerngruppen können auch weitere Figuren, wie z.B. Raphaël Poulain, Madeleine Walace oder Joseph identisch charakterisiert werden. Die Schüler suchen sich dann selbst die jeweils „aussagekräftigsten" Textstellen aus, bevor sie ihr Portrait erstellen.

Sainte Amélie... (KV 16)

1 Les stratagèmes d'Amélie

1 – Amélie ne parle pas à Nino quand elle le rencontre mais lui laisse des messages écrits pour qu'il vienne aux rendez-vous qu'elle lui fixe (p. 49, L. 16-20, p. 52, L. 17-23, p. 65, L. 19-22) : Au lieu de montrer à Nino qu'elle s'intéresse à lui, elle oblige Nino à lui montrer qu'il s'intéresse à elle.
– Au lieu de lui rendre directement son album de photos, elle lui fait suivre un jeu de piste qui excite sa curiosité (p. 51-52).
– Elle lui donne des photos d'elle, mais qui ne la montrent pas clairement (p. 52, L. 14-23) : Attiré par le mystère, Nino va donc chercher à la (re)voir.
– Pour attirer Nino à la gare St-Lazare au moment où elle-même et le technicien s'y trouvent, elle provoque une panne du photomaton (p. 67, L. 25-33).

2 a) + b)
– *Dominique Bretodeau* : Amélie dépose sa boîte à jouets dans une cabine téléphonique et fait sonner l'appareil pour attirer l'attention de Bretodeau au moment où il passe à côté. Résultat : Bretodeau repense à son enfance et à celle de son petit-fils... qu'il veut retrouver.
– *Raphaël Poulain :* Amélie fait voyager son nain de jardin autour du monde et lui envoie des photos de tous les continents. Elle finit ainsi par donner à son père l'envie de voyager, lui aussi.
– *Madeleine Walace :* Amélie lui « écrit » une fausse lettre de son mari pour qu'elle croie qu'il l'aimait encore au moment de sa mort. Après avoir reçu cette lettre, Mme Walace reprend plaisir à la vie.
– *Georgette et Joseph :* Amélie les pousse dans les bras l'un de l'autre pour donner à Georgette un peu d'amour et pour permettre à Joseph d'oublier Gina. Cela marche bien d'abord... mais se termine par un échec, à cause de la jalousie de Joseph.
– *Lucien* : Amélie venge Lucien en changeant une série de détails dans l'appartement de l'épicier. Résultat : Collignon est déstabilisé et pense moins à humilier Lucien.
c) Le but commun de ces stratagèmes est de faire plaisir aux autres, de les rendre plus *heureux*.

3 – *L'aveugle* : Pour un court moment, Amélie lui « prête » ses propres yeux pour qu'il ait une vison plus précise de la vie qui l'entoure.
– *Raymond Dufayel* : En lui envoyant des cassettes vidéo, elle lui fait redécouvrir les bons côtés de la vie hors de son appartement.
– *Hipolito* : En écrivant une citation de lui sur un mur, elle lui donne un petit peu l'impression d'être quelqu'un qu'on cite... et donc un écrivain « reconnu ».

2 L'altruisme – un alibi ?

Solutions individuelles. Eléments de réponse:

1 a) p. ex. Mère Thérésa (p. 31, L. 18)

3 b) Dans la plus grande partie de l'histoire, Amélie mettait toute son énergie à aider les autres et à leur faire plaisir sans penser à elle-même : elle « aimait » son prochain. Ce n'est que vers la fin qu'elle découvre qu'elle pourrait aussi se faire plaisir à elle-même et que cette marque d'amour de soi est « juste ».

4 a) Des motivations diverses peuvent se cacher derrière l'altruisme, p. ex. le désir d'être aimé par ceux qu'on aide ou d'être admiré par les autres ; aimer se sentir nécessaire ou bien supérieur à ceux qui ont besoin d'aide, etc.
b) Les bonnes actions d'Amélie lui servent à donner un sens à sa vie.

5 (Antwort des Autors dieses Zitats: siehe KV 18.)

La critique I (KV 17)

1 Solutions individuelles.
2 – Ggf. die Schüler darauf aufmerksam machen, dass eine professionelle Filmkritik häufig *nicht* direkt mit der Filmzusammenfassung beginnt, sondern mit irgendeinem, möglichst originellen Einstieg.
– Als Vorstufe zu dieser textproduktiven Aufgabe könnten in einer Art Brainstorming im Plenum mehrere solche Einstiege als mögliche „Startpunkte“ für Schülertexte gesammelt werden.
– Die Filmkritiken könnten in Schülerzeitungen oder auf der Homepage der Schule veröffentlicht werden.
3 Diese Aufgabe könnte fächerübergreifend mit dem Fach Bildende Kunst gelöst werden. Die Ergebnisse könnten dann in Form einer „Vernissage“ präsentiert werden.

La critique II (KV 18)

Diese KV bietet eine letzte Möglichkeit, den Film Revue passieren zu lassen. Der in der richtigen Reihenfolge gebrachte Text könnte ggf. als Ausgangstext für eine Klausur dienen.
Es kann sich für die Schüler als hilfreich erweisen, die Textschnipsel erst ausschneiden (Scheren bereitstellen!) und verschiedene Reihenfolgen ausprobieren zu lassen.
Le bon ordre : U N F A B U L E U X D E S T I N.

Atelier d'écriture (KV 19)

Je nach zur Verfügung stehenden Zeit können eine oder mehrere Aufgaben von den Schülern in Einzel-, Partner- oder Gruppenarbeit bearbeitet werden. Hinweise:
Rubrik 3 *Si tu n'étais pas là :* Die vorgeschlagenen Wörter stammen fast alle aus den weiteren Strophen des Originaltextes, der unter mehreren Internetadressen zu finden ist, darunter: http://www.paroles.net/texte/24486
Rubrik 4, Aufgabe 1 : Voir le prologue (p. 3) et la fin du film (mais *pas* du scénario !).
Unmittelbar vor Bearbeitung dieser letzten Rubrik könnten die Schüler den Interviewtext *„Un film qui rend heureux“* (Schülerbuch, S. 78-79) lesen.

Pour aller plus loin

Amélie - la suite
Wie könnte der Film weitergehen, wie sieht Amélies Leben ein Monat oder ein Jahr später aus? In Gruppen entwerfen Schüler ein Drehbuch (für die guten Zeichner: ein Storyboard) für die Fortführung der Geschichte bzw. für den Anfang von *Amélie II.* Beispiele für Ausgangsfragen: Ist die Liebe zu Nino dauerhaft? (Was ist, wenn er Schluss macht, weil sie nicht mehr genug „mystère“ für ihn ausstrahlt?) Wie hat sich Amélies Alltag verändert? Arbeitet sie weiterhin im Café? Was passiert, wenn Collignon oder Mme Wallace erfahren, dass sie von Amélie düpiert wurden? usw.

L'album de photos du film
In Anlehnung an das Hobby Ninos könnte gemeinsam ein Fotoalbum erstellt werden, indem die Schüler im Internet Bilder des Films recherchieren, diese ausdrucken und damit eine Wandzeitung oder ein konkretes Album gestalten.
Eine kleine Auswahl an entsprechenden Adressen:
http://www.amelie-der-film.de/
http://membres.lycos.fr/pag/amelimelo/
http://membres.lycos.fr/ameliefabuleuse/
http://www.acommecinema.com/dossier/02/ameliepoulain/film/personnages.htm

Le film face à ses juges
I Der Film hat für die Verleihung der *Césars* in 2002 13 Nominierungen erhalten (s. u.). Die Schüler überprüfen diese Nominierungen kritisch. Sie suchen sich eine von ihnen aus und „legitimieren“ sie, indem sie in Partnerarbeit einen entsprechenden Text verfassen (der als kleine Rede konzipiert sein kann).
Meilleure actice (Audrey Tautou) / Meilleur second rôle masculin (Jamel Debbouze et Rufus en compétition) / Meilleur second rôle féminin (Isabelle Nanty) / Meilleur film, réalisateur (Jean-Pierre Jeunet), scénario (Jean-Pierre Jeunet et Guillaume Laurant), musique (Yann Tiersen), photo, décor, son, montage et costumes.
II Unter den zahlreichen Internetseiten, die dem Film gewidmet sind, suchen die Schüler gezielt diejenigen aus, die den Film offen kritisieren.
Anhand der dort angeführten Kontra-Argumente verfasst eine erste Schülergruppe eine „Anklageschrift“ gegen den Film und seinen Regisseur. Eine zweite Gruppe versucht, diese Anklage durch ein entsprechendes Plädoyer zu widerlegen. Eine dritte, kleinere Gruppe stellt den Richter und seine Beisitzer dar, die ein Urteil zu fällen und das „Strafmaß“ samt Begründung festzulegen haben. Die Ergebnisse sollten schriftlich festgehalten werden, sie können aber auch in Form eines Rollenspiels präsentiert werden.

Amélie et le chocolat
Die Schüler schauen sich den Film *Chocolat* (2000) an, in welchem es ebenfalls um eine altruistisch veranlagte junge Frau geht, die ihre Mitmenschen versucht glücklich zu machen – in dem Fall mit Schokolade. Nachdem die Schüler den Film zusammengefasst haben, versuchen sie die Parallelen und die Divergenzen zwischen den beiden Filmen und ihren Hauptpersonen aufzuzeigen.
Chocolat ist auf Video-VHS-PAL-System oder auf DVD bei Lingua Video erhältlich (www.lingua-video.com).

Au plaisir…

1

Les très grands…

1 Imaginez que le paquet-cadeau représenté ci-contre est pour vous : C'est quelque chose qui devrait vous faire très plaisir !
   a) Dites ce que vous pensez trouver à l'intérieur de ce paquet.
   b) Parlez de cet objet : décrivez-le, dites ce que vous allez en faire et pourquoi il est si important pour vous.

2 Supposant que vous ayez l'argent nécessaire, faites maintenant un cadeau imaginaire à une personne de votre choix. Dites en quoi consiste votre cadeau et expliquez pourquoi vous pensez qu'il fera plaisir à la personne concernée.

… et les tout petits plaisirs

1 a) Parmi les actions suivantes, y en a-t-il une qui vous procure une sensation agréable ? Si oui, laquelle et pourquoi ? sentir l'odeur du pain frais dans une boulangerie / déchirer le papier aluminium d'une plaque de chocolat que vous allez manger / éplucher votre fruit préféré avant de le manger / sortir un nouveau CD de sa pochette avant de l'écouter pour la première fois / marcher dans le sable humide quand il fait chaud / regarder les films publicitaires avant le film principal au cinéma / entendre le bip ou la petite musique qui annonce l'arrivée d'un texto (*SMS*).
   b) Quelles autres *petites* choses ou actions de la vie quotidienne vous apportent un peu de plaisir ? Faites une liste.

2 Dans son livre *La première gorgée de bière et autres plaisirs minuscules* (Gallimard), l'écrivain Philippe Delerm décrit les tout petits plaisirs de la vie quotidienne, comme par exemple celui de boire une première gorgée de bière fraîche ou celui d'aller au cinéma. Lisez les extraits ci-dessous.

> Mais la première gorgée ! Gorgée ? Ça commence déjà bien avant la gorge. Sur les lèvres, déjà, cet or mousseux, fraîcheur amplifiée. Comme elle semble longue, la première gorgée ! En même temps, on sait déjà. Tout le meilleur est pris. On repose son verre et on l'éloigne même un peu.

> Ce n'est pas vraiment une sortie, le cinéma. On est à peine avec les autres. Ce qui compte, c'est cette espèce de flottement que l'on éprouve en entrant dans la salle. Au cinéma, on ne se découvre pas. On sort pour se cacher, pour s'enfoncer. Quand le mot fin s'inscrit, la lumière insupportable se rallume. Surtout ne pas laisser tomber tout de suite les mots qui vont casser, juger, noter.

3 Choisissez maintenant l'une des choses ou actions de l'exercice 1, ci-dessus, et, comme Delerm, rédigez ci-dessous un petit texte qui parle des sensations que cela vous apporte.

____

____

____

____

____

____

Un film fabuleux

2

L'enfance d'Amélie

3.1

1 Les parents

1 Pensez à vos propres parents et retrouvez pour chacun d'eux trois choses qu'ils aiment et trois choses qu'ils n'aiment pas (pensez surtout aux choses et aux actions *concrètes*, même si ce sont des détails).

Mon père	Ma mère
n'aime pas ______________	n'aime pas ______________
______________	______________
______________	______________
Il aime ______________	Elle aime ______________
______________	______________
______________	______________

2 Ecoutez maintenant la bande-son du début du film et notez ci-dessous au moins *deux* choses que les parents d'Amélie aiment et deux choses qu'ils n'aiment pas. Dites ensuite quelle impression générale ce couple produit sur vous.

Son père n'aime pas ______________	Sa mère n'aime pas ______________
______________	______________
______________	______________
______________	______________
Il aime ______________	Elle aime ______________
______________	______________
______________	______________
______________	______________

2 Le cas Amélie P.

1 Représentez-vous la fille unique de ces parents : Dites ce qu'elle aimera et ce qu'elle n'aimera pas (faites des listes).
2 Lisez maintenant le texte du scénario jusqu'à la p. 5, L. 21. Imaginez ensuite que la jeune Amélie passe un examen psychologique : Mettez-vous à la place du thérapeute et remplissez le formulaire du centre de psychologie (feuille de travail 3.2).

3 Le petit monde d'Amélie

1 Lisez le scénario jusqu'à la fin de la page 7 ou regardez les séquences correspondantes du film. Notez dans l'ordre chronologique quelques petits ou grands « événements » qui ont marqué l'enfance d'Amélie depuis sa naissance jusqu'au moment où elle quitte la maison familiale.
2 Que va faire une fille comme Amélie de sa vie à venir ? Par groupes de deux, rédigez *un* des dialogues suivants.
- Le chauffeur du taxi qu'Amélie prend après avoir quitté la maison l'interroge sur ce qu'elle veut faire dans la vie.
- Deux voisin(e)s d'Enghien font des hypothèses sur l'avenir d'Amélie en la voyant partir une valise à la main.
- Amélie partie, un ou une ami(e) de la famille demande à son père ce qu'elle est devenue.

CENTRE DE PSYCHOLOGIE DE L'ENFANCE D'ENGHIEN-LES-BAINS

Pré-évaluation clinique

Cas n° 18976

NOM : ______________________ Prénoms : ______________________

Né(e) le ______________________ à ______________________

Nom, prénom et profession du père : ______________________

Nom, prénom et profession de la mère : ______________________

Antécédents

Relations avec le père : ______________________

____

Relations avec la mère : ______________________

____

Relations avec l'entourage : ______________________

____

Troubles observés (cocher les cases correspondantes)

- ☐ Hyperactivité
- ☐ Agressivité
- ☐ Difficultés de concentration
- ☐ Timidité excessive
- ☐ Manque de volonté
- ☐ Manque d'élan vital
- ☐ Fatigue persistante
- ☐ Troubles de l'appétit
- ☐ Troubles de la mémoire
- ☐ Anxiété
- ☐ Fantasmes
- ☐ Autres

Remarques : ______________________

____

____

Recommandations

- ☐ Suivi thérapeutique non nécessaire.
- ☐ Tests complémentaires conseillés.
- ☐ Suivi thérapeutique conseillé… ☐ sans internement. ☐ avec internement en clinique ou hôpital psychiatrique.

Commentaires : ______________________

____

____

Enghien, le ______________________

Thérapeute : ______________________

Intermède – La prise de vue

4

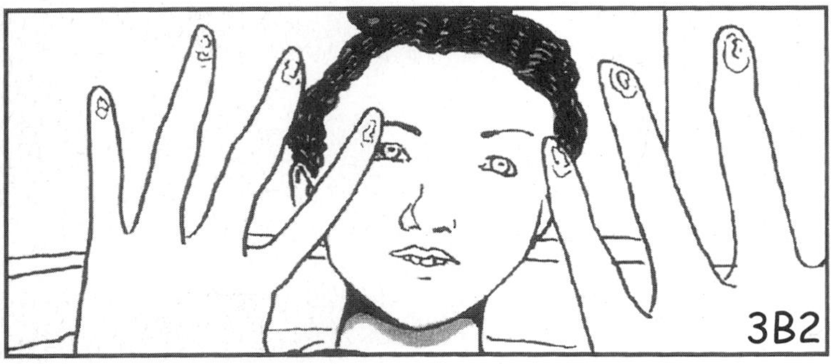

1 Regardez ci-contre les cinq dessins tirés du storyboard du film et dites pour chacun de quelle sorte de plan et de quelle perspective il s'agit. (Si nécessaire, lisez d'abord les infos sur le travail de la caméra, ci-dessous.)

2 Quel effet la plongée et la contre-plongée produisent-elles généralement ? (Pensez à des exemples tirés de films que vous connaissez.)

3 Regardez le début du film et retrouvez dans les séquences qui présentent les parents d'Amélie (texte : p. 4, L. 1-22) deux travellings avant qui passent d'un plan d'ensemble à un gros plan. Quelle est la fonction de ce genre de travelling ?

4 A votre avis, quel travelling le caméraman va-t-il utiliser pour filmer le plan 10-4 et pourquoi ?

1 Le plan

– Le plan d'ensemble donne une vue générale du lieu dans lequel agit un personnage.
– Le plan moyen est une vue du personnage en entier mais avec peu d'arrière-plan.
– Le plan rapproché montre surtout le buste et le visage du personnage.
– Le gros plan est une vue de détail, p. ex. sur un visage, une main, un objet.
– Il y a aussi des plans intermédiaires, comme par exemple le *plan américain* (qui montre les personnages d'assez près, mais sans les jambes).

2 La perspective

– La perspective neutre : la caméra est à la même hauteur que la personne ou l'objet filmé.
– La plongée : la caméra est placée plus haut et donne une vue vers le bas.
– La contre-plongée : la caméra est placée plus bas et donne une vue vers le haut.

3 Le mouvement

– Pour faire un travelling latéral, la caméra se déplace vers la gauche ou la droite (p. ex. pour accompagner le mouvement d'un personnage).
– Pour un travelling avant, la caméra avance vers la personne filmée (cela permet de passer d'un plan d'ensemble ou d'un plan moyen à un plan rapproché ou un gros plan).
– Pour un travelling arrière, la caméra s'éloigne de la personne filmée (cela permet de passer d'un gros plan ou d'un plan rapproché à un plan moyen ou un plan d'ensemble).

INTERMÈDE – **Du texte à l'image et au son**

1 Du scénario au film

1 Avant de tourner un film, beaucoup de réalisateurs utilisent un storyboard, dans lequel les plans sont dessinés et décrits plus précisément que dans le scénario. Examinez ci-dessous les extraits du storyboard dessiné par Luc Desportes pour illustrer le passage du scénario de la page 5, lignes 21 à 27.

a) Pour chaque dessin, dites d'abord quelle perspective a été choisie et quel type de plan est nécessaire pour le filmer.

b) Dites à quels endroits des mouvements de caméra sont nécessaires et de quel genre de mouvement il s'agit.

c) Comparez le texte de la voix off (images 6-1) à celui du scénario : A votre avis, pourquoi y a-t-il eu un changement ?

2 Comparez le scénario des pages 3 à 7 aux séquences du film qui lui correspondent et retrouvez tous les changements qui ont été apportés par le régisseur. Proposez des hypothèses qui pourraient expliquer chacun de ces changements.

6-1

VOIX OFF ***Le seul ami d'Amélie s'appelle « Le Cachalot ». Malheureusement, l'ambiance familiale a rendu le poisson rouge…***

… neurasthénique et suicidaire.

Sitôt le texte fini, il jaillit du bocal…

6-2

… et atterrit sur le carrelage de la cuisine.

6-3

Sur le seuil de la cuisine…

… la petite Amélie hurle.

6-4

Le poisson rouge glisse sous la machine à laver.

6-5

La mère qui était en train de lire se lève hystérique.

6-6

La petite hurle de plus belle.

6-7

La mère essaie d'attraper le poisson avec un balai.

2 Le son

1 Quel effet la *voix off* produit-elle quand on l'utilise beaucoup dans un film, comme par exemple dans *Amélie* ?

2 Regardez et écoutez maintenant la séquence du film qui présente le personnel et les clients du café où travaille Amélie (scénario page 8, lignes 6 à 25). Dites à quels moments les *bruits* sont a) accentués ou b) filtrés, et pourquoi.

3 Aimez-vous la *musique* du film ? Dites quels rôles la musique d'un film peut jouer (pensez à ceux que vous connaissez).

3 Les effets divers

Le cinéma utilise un grand nombre d'effets plus ou moins « spéciaux ». Quelques exemples : l'*accélération* ou bien le *ralentissement* de l'image ; le *flash-back* ou bien l'*anticipation* ; l'addition de séquences d'*animation*, de personnages de *synthèse* (créés par ordinateur) ou d'inscriptions sur l'écran ; différentes manipulations de l'image ou du son, etc.

En groupes, relevez dans les premières scènes du film (correspondant au scénario des pages 3 à 8) le plus grand nombre possible d'effets spéciaux. Notez-les, classez-les en catégories puis expliquez leur fonction dans le film.

Les événements du 31 août

Libération

DIANA victime d'un tragique accident

FranceSoir

Lady Di est morte !

LE FIGARO

La Princesse Diana décédée dans un accident de voiture

1 Mort d'une princesse

1 Vous souvenez-vous ou avez-vous déjà entendu parler de Lady Di ? Spontanément, que savez-vous encore d'elle ?

2 A deux ou en petits groupes, recherchez sur Internet (ou ailleurs) :
   a) des détails sur les circonstances de l'accident mortel de la Princesse Diana (où, quand, comment, etc.) ;
   b) des informations qui permettent d'expliquer pourquoi Lady Di était très populaire dans le monde entier.

2 Renaissance d'un trésor

1 Imaginez que vous trouviez par hasard une vieille boîte de fer contenant plusieurs objets, dont ceux que vous voyez ci-dessous. Choisissez l'un de ces objets, dites ce qu'il représente puis inventez-lui une histoire qui explique pourquoi il est devenu « important » pour la personne qui l'a placé dans la boîte.

2 A partir des objets représentés, faites un bref portrait de leur propriétaire.

3 Quel objet personnel (réel ou fictif) est-ce que vous auriez vous-même placé dans cette « boîte à souvenirs » ? Ecrivez un petit texte qui illustre l'importance que cet objet a – ou a eu – pour vous.

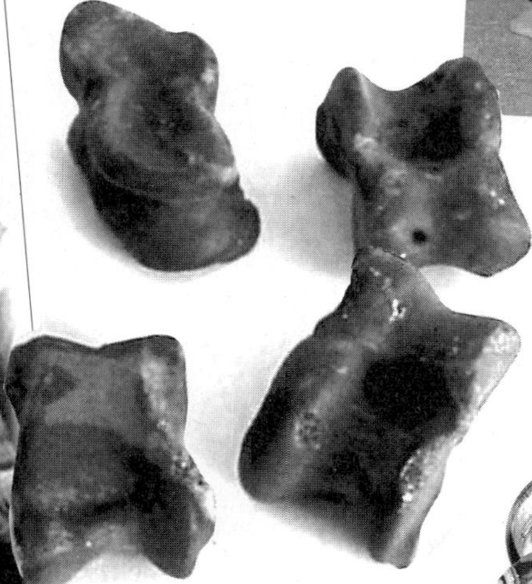

Au centre, mais en dehors

7

1 a) Décrivez ce que vous voyez sur ce tableau (voir le vocabulaire ci-dessous). Quelle atmosphère se dégage de cette scène ?
  b) Ce tableau de Renoir s'appelle *Le déjeuner des canotiers*. Comment le trouvez-vous ? Qu'est-ce qu'il vous inspire ?

2 A deux, choisissez un personnage du tableau qui vous semble intéressant puis
  a) donnez-lui un nom et inventez-lui une biographie ;
  b) dites ce qu'il pense ou ce qu'il ressent au moment représenté ;
  c) faites-le parler avec un autre personnage du tableau : Qu'est-ce qu'ils se disent ?

3 Pour Dufayel, la jeune fille au verre d'eau « *est au centre, et pourtant, elle est en dehors* » parce qu'« *elle n'a jamais su établir de relations avec les autres* ». Expliquez ce qu'il veut dire par là et dites en quoi cette jeune fille ressemble à Amélie.

● Situez la scène dans le <u>temps</u> : l'époque, le moment de l'année ou de la journée :
– au …ème siècle, à l'époque de …, vers 1900
– en hiver, en été, en début / fin de journée, pendant la matinée / l'après-midi / la soirée / la nuit, à / vers … heures

● Situez la scène dans l'<u>espace</u> : l'espace réel et l'espace représenté
– en France, à la campagne, près de …, à côté de …, devant…, derrière …, etc.
– au premier plan, au second plan, à l'arrière-plan, OU : en haut, en bas, à gauche, à droite, au centre / au milieu

● Les <u>personnages</u> : Indiquez leur sexe, leur âge, décrivez leur physique, leurs vêtements et les accessoires :
– un homme (une femme) encore jeune, assez vieux, âgé d'environ … ans
– grand, petit, de grande / petite taille, gros, corpulent, mince, maigre
– de teint clair / foncé, aux yeux bleus / gris, aux cheveux bruns / châtains / noirs, le nez long, le front haut, les joues roses, portant la barbe / la moustache, etc.
– portant une robe / un pantalon / une veste / une chemise / un maillot de corps / un chapeau de paille / un melon / un haut-de-forme *(Zylinder)* / des gants, etc.

● Caractérisez l'<u>atmosphère</u> (détendue, joyeuse, mélancolique, paisible, etc.)

Le coup de foudre : une recette

8

1 Avez-vous déjà eu un « coup de foudre » ? A votre avis, pourquoi appelle-t-on de cette manière ce genre de réaction ?

2 Suzanne, la patronne du café où travaille Amélie, donne à un client sa « recette » pour le coup de foudre. Par groupes de deux, inventez maintenant votre propre recette du coup de foudre puis inscrivez-la dans le livre de recettes, ci-dessous.

a) Pensez d'abord aux ingrédients *(Zutaten)* et notez-les à gauche. Si nécessaire, utilisez des adjectifs pour les qualifier (p. ex. : très frais, bien mûrs, etc.).

b) Décrivez ensuite la préparation. Utilisez pour cela la forme impérative. (Pour vous aider : voir ci-contre la liste des verbes le plus souvent utilisés dans les livres de cuisine.)

les « impératifs culinaires »

lavez… épluchez… *(schälen)* hachez… *(klein hacken)*
coupez… en morceaux / en tranches / en rondelles

prenez… mettez… versez… *(gießen)* ajoutez…
mettez au four / dans une casserole / dans une poële *(Pfanne)*
remuez *(umrühren)*

faites	cuire à feu doux *(bei kl. Flamme kochen)*		
	chauffer… *(erhitzen)*		
	bouillir… *(kochen)*	laissez	mijoter… *(köcheln)*
	fondre… *(schmelzen)*		refroidir…
	rôtir… *(rösten)*	salez	
	griller…	poivrez	
	gratiner…	assaisonnez avec… *(würzen)*	

garnissez avec… servez chaud / tiède / froid

Nino

9

1 Nino enfant

Ecoutez et regardez de nouveau la séquence qui présente Nino enfant, puis dites si les affirmations suivantes sont vraies ou fausses.
Si elles sont fausses, corrigez-les.

1 A l'école, tout le monde respectait Nino.
2 Nino aurait préféré rester à la maison.
3 Il habitait dans le même village qu'Amélie.
4 Il n'a pas de frère.
5 Il aurait voulu avoir un petit frère.

VRAI	FAUX

2 Nino adulte

1 *Avant* de regarder la séquence dans laquelle Amélie entre au peep-show, lisez les affirmations suivantes et les réponses proposées. *Ecoutez* ensuite attentivement le dialogue entre Amélie et Eva, la collègue de Nino, puis mettez des croix dans les cases qui correspondent aux bonnes réponses (il y en a *au moins* une à chaque fois).
Si c'est nécessaire, écoutez la séquence plusieurs fois.

a) D'après Amélie, Nino a perdu son album…
○ 1 dans le métro ;
○ 2 dans une gare ;
○ 3 dans la rue ;
○ 4 à Saint Antoine.

b) Depuis un an déjà, Nino…
○ 1 est malheureux ;
○ 2 fait collection de photos ;
○ 3 travaille au peep-show ;
○ 4 est employé à la Foire du Trône.

c) Les métiers qu'il a déjà exercés :
○ 1 fabricant de ciment ;
○ 2 veilleur de nuit ;
○ 3 photographe ;
○ 4 père Noël dans un magasin.

d) Les collections de Nino :
○ 1 les cierges de St. Antoine ;
○ 2 les photos d'accidents ;
○ 3 les empreintes de pas ;
○ 4 les rires des gens.

e) D'après Eva, Nino…
○ 1 est un peu bizarre ;
○ 2 est un rêveur ;
○ 3 a un petit ami ;
○ 4 n'arrive jamais à rester très longtemps avec la même fille.

2 Lisez ensuite le passage du scénario qui correspond à cette séquence (p. 47, L. 19 à p. 48, L. 23) et retrouvez les autres collections de Nino qui n'ont pas été reprises dans le film. A votre avis, pourquoi n'y ont-elles plus été mentionnées ?

3 Lisez le reste du chapitre. En bas de la page 49, Nino demande si « la fille » est belle… alors qu'il a déjà vu et même caressé Amélie dans le train fantôme. Comment est-ce que cela s'explique ?

3 Moi, Nino Quincampoix…

En groupes de deux : Imaginez que vous êtes Nino Quincampoix et que vous devez vous présenter.
Dites d'abord dans quel *but* vous vous présentez (faire connaissance avec d'autres invités à une fête, poser votre candidature pour obtenir un emploi de… , passer une annonce pour trouver une femme pour vous marier, etc.)
Rassemblez ensuite toutes les informations sur Nino que vous avez trouvées dans le film ou dans le texte (p. ex. p.16, 27, et 47-50) et, pour le reste, servez-vous de votre imagination ! Exprimez-vous à la *première* personne.

Les choses bougent... 10

1 Jeu de piste à Montmartre

1 Lisez le texte jusqu'à la page 52, L. 28 et/ou regardez le passage du film correspondant, puis expliquez pourquoi, à votre avis, Amélie joue à cache-cache *(Versteckspiel)* avec Nino.
2 Pour que son petit « jeu de piste » réussisse, Amélie a dû penser à régler bien des détails avant l'arrivée de Nino à Montmartre. Faites la liste de tout ce qu'elle a dû préparer.
3 Sur ses photomatons, Amélie demande à Nino s'il souhaite la rencontrer (p. 52, L. 16-23). Mettez-vous à la place de Nino, qui souhaite en effet rencontrer Amélie mais qui ne sait encore presque rien d'elle. Réfléchissez à tout ce que vous pourriez faire pour la retrouver puis choisissez votre « stratégie ».

2 Le nain voyageur

1 Dans le chapitre 10 (p. 39), le nain de jardin avait été photographié aux Etats Unis, devant l'Empire State building. Dites dans quel pays il se trouve maintenant (voir le scénario, en bas de la p. 52) et comment il a voyagé d'un pays à l'autre.
2 A votre avis, dans quelle intention le nain de jardin est-il ainsi « parti en voyage » ?
3 *Au choix :*
   a) Mettez-vous à la place du nain et rédigez à l'adresse de Raphaël Poulain une carte postale dans laquelle vous donnez vos impressions sur votre voyage.
   b) Cherchez sur Internet l'adresse du Front de Libération des Nains de Jardin et renseignez-vous sur les actions de ce groupe. Puis, dans le style du FLNJ, écrivez un petit article qui revendique la « libération » du nain de Raphaël Poulain.

3 Un nouveau couple

1 Pourquoi, pour Georgette, la vie est-elle devenue belle (p. 53, L. 9) ?
2 Expliquez la réaction des trois autres femmes qui travaillent au café face à la nouvelle situation de Georgette.
3 a) Retrouvez dans le texte du scénario (chapitres 7, 10, 11 et 13) les différentes étapes de « l'histoire » du couple Georgette-Joseph.
   b) A votre avis, comment l'histoire de ce nouveau couple va-t-elle se poursuivre ? Avancez plusieurs hypothèses et dites quelle est celle qui vous paraît la plus réaliste.

4 Le retour de Zorro

1 Comparez le passage qui précède la seconde visite d'Amélie dans l'appartement de Collignon (p. 54, L. 21-34) à celui qui précède sa première visite (p. 37, L. 26-35) puis dites pour quelle raison Amélie veut « punir » Collignon.
2 Dites quel est le but des différents changements qu'Amélie effectue dans l'appartement de Collignon (p. 55) puis imaginez ce qui va se passer quand Collignon sera confronté à ces changements.
3 Comment jugez-vous les actions d'Amélie concernant Collignon ? (justes ? efficaces ? morales ? condamnables ?)

En toutes lettres

11

Voici quatre des anciennes lettres du mari de Mme Walace qu'Amélie a prises dans la loge de la concierge. Mettez-vous maintenant à la place d'Amélie et, à partir du contenu de ces lettres, composez-en une nouvelle, dont le but est de faire plaisir à la concierge. Pour cela, découpez les mots ou les passages qui vous semblent utiles et collez-les dans un nouvel ordre. Si possible, le texte ainsi obtenu doit faire croire à Mme Walace que son mari a regretté de l'avoir quittée.

Mado chérie,

J'ai commis la pire erreur de ma vie en acceptant ce stage qui va me priver de ma femme adorée durant cinq interminables semaines.

Je pense sans cesse à toi.

Ton Adrien

Mado chérie,

J'ai renoncé à l'argent de ma dernière commission, histoire de compenser ma démission un peu abrupte.

Je me prends à rêver qu'un jour ou l'autre des temps meilleurs viendront. Un jour couleur d'orange, tu te souviens, Mado chérie?

Ton Adrien

qui ne t'a jamais tant aimée.

Bonne nouvelle, Mado chérie, dans peu de temps je gagnerai suffisamment bien ma vie pour acheter une voiture et je pourrai rentrer dormir à la maison tous les soirs. En attendant, j'espère que tu viendras me rejoindre vendredi soir.

Si tout se passe comme prévu, cette nouvelle vie est pour bientôt, et je suis sûr que tu me pardonneras et que tu oublieras que j'ai dû, un jour, te laisser seule. Je pense sans cesse à toi et à cette nouvelle perspective qui me remplit d'espoir.

Ton Adrien

Mado chérie,

Ton absence me devient chaque jour un peu plus pénible. Je suis en exil dans un monde désespérément kaki. Je ne dors plus, Je ne mange plus.

Je vis avec la certitude d'avoir laissé ma seule raison de vivre à Paris. Je ne la retrouverai que vendredi en quinze, en voyant apparaître ma belette adorée sur le quai de la gare, dans sa robe bleue à bretelles (celle que tu trouves trop transparente).

Ton Adrien

Tout est bien…

1 En groupes de deux et en *deux* minutes maximum, rassemblez le plus de proverbes *(Sprichwörter)* allemands possibles. Combien en avez-vous trouvés ?

2 D'après Gina, « *celui qui connaît les proverbes ne peut pas être complètement mauvais* ». Que pensez-vous de cette opinion ?

3 Connaissez-vous quelques proverbes français ? Dites lesquels et expliquez ce qu'ils signifient.

4 Complétez chacun des proverbes suivants par l'une des trois options proposées.

a) Une hirondelle ne fait pas… ☐ 1) l'été, ☐ 2) le printemps, ☐ 3) le nid des autres.
b) L'habit ne fait pas… ☐ 1) les gens, ☐ 2) la mode, ☐ 3) le moine.
c) A bon chat… ☐ 1) bon rat, ☐ 2) bon chien, ☐ 3) bonne pâtée.
d) Petit à petit… ☐ 1) le jour se lève, ☐ 2) l'oiseau fait son nid, ☐ 3) les cœurs s'ouvrent.
e) Pierre qui roule… ☐ 1) n'a pas de racines, ☐ 2) n'amasse pas mousse, ☐ 3) est partout chez elle.
f) Qui vole un œuf… ☐ 1) vole un bœuf, ☐ 2) volera une poule, ☐ 3) se méfie des poules.
g) Cœur qui soupire… ☐ 1) n'a pas ce qu'il désire, ☐ 2) souhaite mourir, ☐ 3) a beaucoup à dire.
h) Tout est bien… ☐ 1) qui ne fait pas mal, ☐ 2) qui commence bien, ☐ 3) qui finit bien.

5 Auquel des proverbes ci-dessus correspondent les phrases ou proverbes allemands suivants ? Mettez la lettre du proverbe dans la case correspondante.

◯ A Der Schein trügt.
◯ B Ende gut, alles gut.
◯ C Steter Tropfen höhlt den Stein.
◯ D Unstetigkeit führt nicht zu Reichtum.
E Wie du mir, so ich dir. ◯
F Man hat's nicht leicht. ◯
G Wer einmal klaut, klaut immer. ◯
H Eine Schwalbe macht noch keinen Sommer. ◯

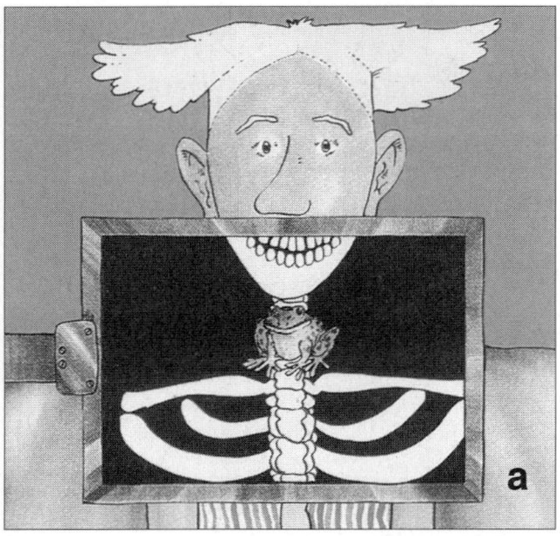

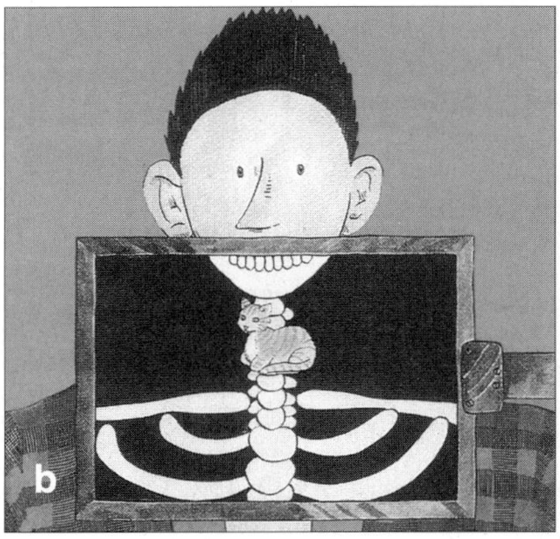

6 Une bonne partie des proverbes, mais aussi des autres expressions imagées sont différentes en français et en allemand. Comparez les images puis complétez :

a) Einen ________________ im ______________ haben.

b) Avoir un ________________ dans la ________________.

c) Jemanden ________________ ________________ ziehen.

d) Casser du ______________ sur le __________ de quelqu'un.

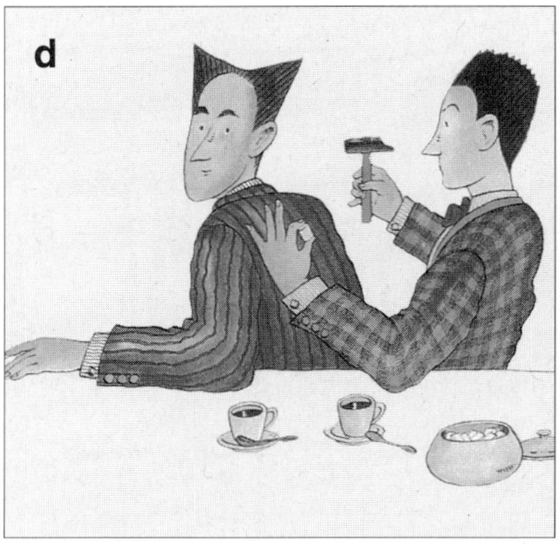

Suite et fin

13

1 Après avoir lu le scénario jusqu'au bas de la page 75 et *avant* de voir le film en entier, devinez comment le film va se terminer (faites plusieurs hypothèses).

2 a) *Avant* de regarder le film en entier, retrouvez ci-dessous 24 des « stations » de l'histoire d'Amélie. Vous voyez que la chronologie n'est pas tout à fait respectée. En groupes de deux, corrigez-la : Numérotez les fiches de 1 à 24 ou découpez-les et placez-les dans le bon ordre. (Si vous n'êtes pas certains : mettez un point d'interrogation sur les fiches concernées.)

b) *Pendant* le film, vérifiez que vos fiches sont bien dans le bon ordre. Notez sur les fiches les mots-clés qui sous semblent utiles pour pouvoir, après le film, faire l'exercice suivant (c).

c) *Après* le film, dites pour chaque « station » en quoi consiste l'action principale (qui fait quoi et pourquoi).

3 Lisez maintenant la fin du scénario. Quelle fin vous semble être la meilleure : celle du film ou celle du scénario ? A votre avis, pourquoi Jeunet a-t-il changé la fin de son film ?

le **poisson rouge**	l'**instamatic Kodak**	la mort de la **mère**
la découverte de la **boîte en métal**	le **nain** - le vol	Mme **Walace** - le « vol » des lettres
la « chasse » aux **Bredoteau**	le **nain** - la première photo	Mme **Walace** - fabrication de la fausse lettre
Bretodeau et sa boîte	le **nain** - le retour	Mme **Walace** - arrivée de la fausse lettre
Georgette et Joseph - les premiers pas	première « visite » d'Amélie chez **Collignon**	**Nino et Amélie** - première rencontre
Georgette et Joseph - le passage à l'acte	**Collignon** - première punition	**Nino et Amélie** - le train fantôme
Georgette et Joseph - la crise	deuxième « visite » d'Amélie chez **Collignon**	**Nino et Amélie** - jeu de piste à Montmartre
la solution du mystère des **photomatons**	**Collignon** - deuxième punition	**Nino et Amélie** - le bonheur partagé

Sur les pas d'Amélie

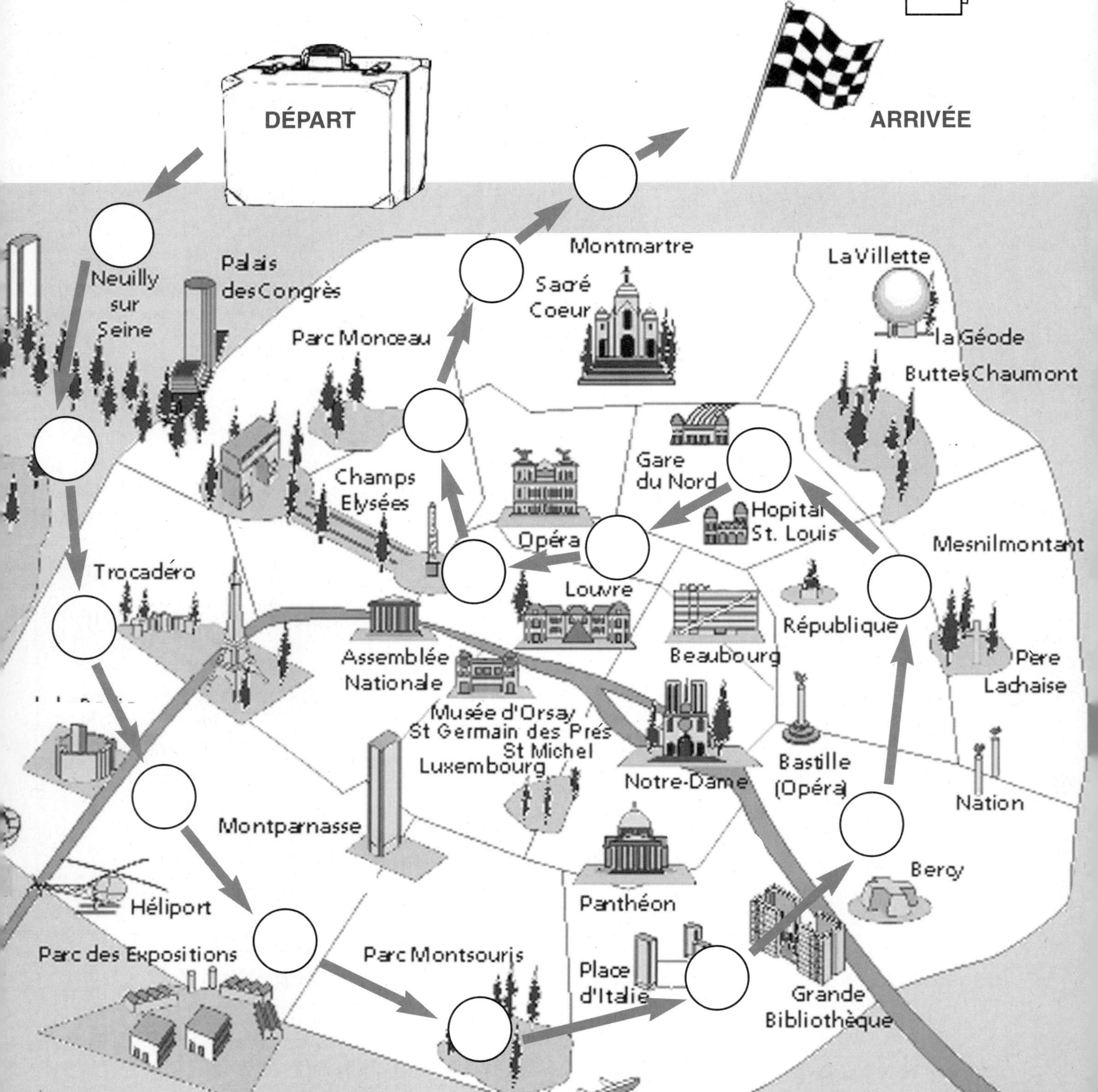

Règle du jeu : Le jeu se joue en groupes de 3 à 6 personnes, chaque joueur a un pion (*Spielfigur*) qu'il place sur la case départ. Les cartes-questions sont placées sur la table avec le texte vers le bas. Un joueur commence et tire la première carte.
<u>Cartes blanches</u> : Lire la question à voix haute, les autres joueurs doivent y répondre le plus vite possible.
<u>Cartes grises</u> : Présenter un personnage du film en évitant certains mots (ne *pas* lire le texte de la carte à voix haute !), les autres doivent deviner le personnage en question. Si le joueur utilise un mot interdit ou si personne ne devine le personnage présenté, ce joueur doit alors reculer d'une case. Le premier qui donne la bonne réponse ou qui devine le personnage avance son pion d'une case. C'est alors lui qui tire la carte suivante et qui pose une question ou présente un personnage au groupe.

Sur les pas d'Amélie

14.2

1 Dans quelle ville se trouve la maison des parents d'Amélie ? *(à Enghien)*	13 Présentez **Gina**. (Evitez les mots GINA, SERVEUSE, JOSEPH, PROVERBES)	25 Présentez **Philomène**. (Evitez les mots PHILOMÈNE, HÔTESSE DE L'AIR, CHAT)
2 Présentez **Raphaël Poulain**. (Evitez les mots RAPHAËL, POULAIN, DOCTEUR, PÈRE, NAIN)	14 Qu'est-ce que Gina trouve important quand elle juge les gens ? *(que les gens connaissent beaucoup de proverbes)*	26 Présentez le **nain de jardin**. (Evitez les mots NAIN, JARDIN, VOYAGE, RAPHAËL, PÈRE)
3 Nommez au moins une chose que le père d'Amélie n'aime pas. *(qu'on regarde ses sandales avec dédain ; voir aussi le scénario, p. 4, L. 3-6)*	15 Citez un proverbe français. *(vérifiez les réponses avec votre prof !)*	27 Nommez au moins *un* endroit du monde où le nain de jardin est allé en voyage. *(New York / Angkor / Moscou / le Kilimandjaro / Las Vegas)*
4 Présentez **Amandine Poulain**. (Evitez les mots AMANDINE, POULAIN, FOUET, MÈRE)	16 Présentez **Joseph**. (Evitez les mots JOSEPH, GINA, GEORGETTE, DICTAPHONE)	28 Présentez **Madeleine Walace**. (Evitez les mots MADELEINE, WALACE, CONCIERGE, LETTRES)
5 Comment meurt la mère d'Amélie ? *(une touriste qui se suicide tombe sur elle)*	17 Présentez **Hipolito**. (Evitez les mots HIPOLITO, ÉCRIVAIN, POÈTE, ROMAN)	29 Que fait Amélie pour rendre Mme Walace heureuse ? *(elle lui envoie une fausse lettre de son mari)*
6 Pourquoi les parents d'Amélie n'ont-ils jamais voyagé ? *(ils pensaient qu'Amélie était malade du cœur)*	18 Qu'est-ce qui s'est passé à Paris le jour où Amélie a trouvé la boîte en métal ? *(l'accident mortel de Lady Di)*	30 Donnez le nom d'une gare de Paris autre que la gare du Nord. *(gare de l'Est / de Lyon / d'Austerlitz / Saint-Lazare / Montparnasse)*
7 Présentez **Amélie**. (Evitez les mots AMÉLIE, POULAIN, FILLE, NINO)	19 Présentez **Dominique Bretodeau**. (Evitez les mots DOMINIQUE, BRETO-DEAU, BOÎTE, CABINE TÉLÉPHONIQUE)	31 Comment s'appelle l'église la plus connue de Montmartre ? *(le Sacré-Cœur)*
8 Présentez le **poisson** d'Amélie. (Evitez les mots POISSON, CACHALOT, CÉTACÉ, ANIMAL)	20 Présentez **Collignon**. (Evitez les mots COLLIGNON, ÉPICERIE, MÉCHANT, LUCIEN)	32 Présentez **Nino**. (Evitez les mots NINO, QUINCAMPOIX, PHOTO, AMÉLIE)
9 Amélie aime jouer avec des pierres au bord de l'eau. Comment s'appelle ce petit jeu ? *(faire des ricochets)*	21 Présentez **Lucien**. (Evitez les mots LUCIEN, COLLIGNON, ÉPICERIE, IDIOT)	33 Comment appelle-t-on les appareils qui prennent des photos d'identité dans les lieux publics ? *(des photomatons)*
10 Comment s'appelle le café où Amélie travaille ? *(Les deux moulins* (film) OU *Le tout va mieux* (scénario))	22 Présentez **Raymond Dufayel**. (Evitez les mots RAYMOND, DUFAYEL, VERRE, PEINTRE)	34 Quelle est la profession de « l'inconnu des photomatons » ? *(un technicien qui répare ces appareils)*
11 Présentez **Suzanne**. (Evitez les mots SUZANNE, PATRONNE, CAFÉ, CHEVAL)	23 Comment s'appelle le tableau que Raymond Dufayel copie chaque année ? *(le Déjeuner des canotiers)*	35 Présentez **Eva**. (Evitez les mots EVA, PEEP-SHOW, SEX-SHOP, STRIP-TEASE)
12 Présentez **Georgette**. (Evitez les mots GEORGETTE, MALADE, JOSEPH, TABAC)	24 Présentez **l'aveugle**. (Evitez les mots AVEUGLE, VOIR, BÂTON)	36 Quels sont les nom et prénom du réalisateur du film Le fabuleux destin d'Amélie Poulain ? *(Jean-Pierre Jeunet)*

Portrait de groupe avec dame

15

Travaillez par groupes de 4 et choisissez chacun, ci-dessous, un des personnages du film. Rassemblez les informations que vous trouverez dans les passages du scénario qui sont mentionnés pour chaque personnage. Mettez ensuite vos résultats en commun et remplissez les quatre fiches. Comparez vos résultats à ceux des autres groupes.

Raymond Dufayel

(voir p. 10, 20-22, 43-44, 60-61)

caractéristiques : ____________________

rapports avec Amélie : ____________________

citation typique : ____________________

Lucien

(voir p. 14, 34, 43-44, 54, 60)

caractéristiques : ____________________

rapports avec Amélie : ____________________

citation typique : ____________________

Georgette

(voir p. 8, 17, 30, 41-42, 45, 69)

caractéristiques : ____________________

rapports avec Amélie : ____________________

citation typique : ____________________

Collignon

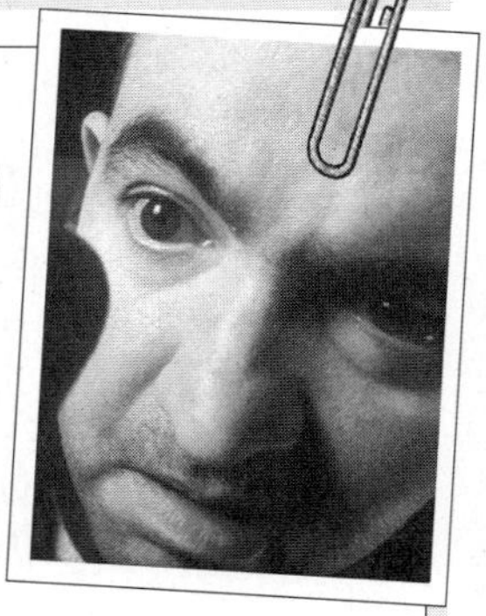

(voir p. 13-14, 34, 40-41, 54, 61-62)

caractéristiques : ____________________

rapports avec Amélie : ____________________

citation typique : ____________________

Sainte Amélie... 16

1 Les stratagèmes d'Amélie

1 Amélie « *aime bien ça, les stratagèmes* » constate Raymond Dufayel (p. 66). En effet, elle utilise toute une série de stratagèmes pour contacter Nino au lieu de l'approcher directement. Expliquez comment fonctionnent ces stratagèmes.

2 a) Amélie utilise aussi des stratagèmes face aux autres personnages du film. Retrouvez-les et dites à qui ils s'appliquent.
b) Décrivez-les le plus simplement possible ou dites comment ils fonctionnent puis dites à quel résultat chacun de ces stratagèmes a mené.
c) Quel but ces différents stratagèmes ont-ils en commun ?

3 Plus ou moins indirectement, Amélie a encore aidé d'autres personnes dans ce film. Retrouvez ces personnes et dites en quoi Amélie a pu leur rendre service et pourquoi elle l'a fait.

2 L'altruisme - un alibi ?

1 Lisez ci-contre la définition de l'altruisme, tirée du dictionnaire *Micro Robert en poche.*
a) Connaissez-vous des personnages contemporains ou historiques qui sont devenus célèbres à cause de leur altruisme ? (l'un de ces personnages est mentionné dans le scénario...) Pour quel *genre* d'actions ces personnages sont-ils surtout connus ?
b) Peut-on dire qu'Amélie est altruiste ? Est-ce une sainte ?

> **ALTRUISME** [altʀɥism(ə)]. *n. m.* • Disposition à s'intéresser et à se dévouer à autrui. || Contr. **Égoïsme.** || ▾ **ALTRUISTE**. adj. *Des sentiments altruistes.*

2 Vous connaissez certainement le deuxième commandement de la Bible « *Tu aimeras ton prochain comme toi-même.* » A votre avis, aimer son prochain et faire le bien est-il « chrétien » ou simplement naturel et « humain » ?
Etes-vous d'accord avec le Marquis de Sade (1740 - 1814) quand il écrit que « *le système de l'amour du prochain est une chimère* [Trugbild] *que nous devons au christianisme et non pas à la nature* » ?

3 Pour l'écrivain français Nicolas de Chamfort (1740 - 1794), « *si l'on doit aimer son prochain comme soi-même, il est au moins aussi juste de s'aimer comme son prochain.* »
a) Etes-vous d'accord avec Chamfort ? A votre avis, peut-on aimer les autres quand on ne s'aime pas soi-même ?
b) Quel rapport peut-on voir entre cette deuxième citation et l'histoire d'Amélie ?

4 a) D'après l'écrivain et biologiste Jean Rostand, « *l'altruisme est souvent un alibi.* » A votre avis, que veut-il dire par là ?
b) Dans le cas d'Amélie, pensez-vous que l'altruisme pourrait être un alibi ? Quelle sorte de motivation cet alibi pourrait-il bien cacher ? (Relisez le dernier paragraphe du chapitre 2...)

5 Un critique de film a écrit que *Le fabuleux destin d'Amélie Poulain* était « *une histoire d'amour avec un grand A* ». Comment peut-on interpréter cette phrase ? De quelle sorte d'amour (*de* qui et *pour* qui) pourrait-il être question ?

La critique (I)

17

Le fabuleux destin d'Amélie Poulain
France, 2001. Durée : 2h 00 mn
Réalisateur : Jean-Pierre Jeunet
Avec Audrey Tautou, Mathieu Kassovitz, Rufus, Jamel Debbouze...
Scénario : Guillaume Laurant et Jean-Pierre Jeunet
Production : Claudie Ossard

Pour écrire une critique de film,

on doit :
- proposer un bref résumé du film ;
- mettre en évidence ses principaux points forts (ou faibles) ;
- exprimer sa propre opinion ou ses sentiments et donner (directement ou indirectement) un conseil au spectateur : aller ou ne pas aller voir le film ;

on peut aussi :
- commenter l'action ou le message ;
- proposer de brefs portraits des personnages principaux ;
- exprimer un jugement sur certains aspects du film (par exemple sur la mise en scène, le suspense, la musique, les décors, les acteurs, le travail de la caméra, les effets spéciaux, etc.) ;
- apporter quelques remarques sur le metteur en scène.

1 Après avoir vu le film entier, remplissez spontanément le tableau ci-dessous.
2 A l'aide des indications de la case que vous trouverez en bas à gauche, rédigez ensuite une « vraie » critique de film.
3 En groupes, réalisez ensuite une nouvelle affiche (ou un tract) dont le but est d'attirer le plus de spectateurs possibles !

Le film, en quelques mots :

Votre opinion :

J'ai aimé...

Je n'ai pas aimé...

Votre jugement :

☐ le top ! ☐ très bien ☐ correct ☐ bof... ☐ beurk !

La critique (II)

18

Voici maintenant des extraits d'une critique du film écrite par Vincy Thomas pour *Ecran Noir* (www.ecrannoir.fr). Lisez ces textes et utilisez un dictionnaire unilingue pour comprendre les mots que vous ne connaissez pas. Puis remettez ces extraits dans le bon ordre. Pour cela, inscrivez en bas de la page les lettres qui correspondent aux différents extraits.

Un soir, celui de la mort de Lady Di, le hasard brise un morceau de carrelage dans la salle de bain. (A)

L'amour de Paris et ses pavés, d'Amélie et ses coquetteries, des autres et leurs défauts, leurs qualités. (T)

Amélie quitte cet univers oppressant pour aller vivre à Montmartre, où elle est serveuse. (F)

A la station Abbesses, Nino Quincampoix (comme la rue près de Beaubourg) ramasse les photomatons sur le quai du métro. (X)

C'est une histoire où on apprend à regarder et aimer son voisin, à vouloir le bien de tous. (I)

Du coup, Amélie a aussi trouvé un but à sa vie : améliorer la vie des autres par petites touches, de la concierge à son voisin, l'Homme de verre ; de sa collègue Georgette au client, l'écrivain maudit, Hipolito. (E)

Et ça n'a rien de chrétien. C'est juste humain ! (N)

Un trou dans le mur abritait une petite boîte à souvenirs d'un enfant qui avait dû vivre ici. (B)

Elle se défile. Il lui court après. S'embrasseront-ils ? (E)

Elle tente de retrouver incognito et mystérieusement le propriétaire de la boîte. (U)

La fascination d'Amélie pour Nino perturbe un peu sa vie... Et Nino va évidemment rentrer dans le jeu d'Amélie. (D)

Mais un jour elle tombe sur un garçon étrange, tout aussi timide, beau. (U)

Il s'appelle Dominique. Il en pleure de joie. Sa vie retrouve soudainement un sens. (L)

C'est une histoire d'amour, avec un grand A. (S)

Elle voit tour à tour son poisson rouge disparaître dans le bassin municipal, sa mère mourir sur le parvis de Notre-Dame, son père vivre une histoire d'amour incroyable avec un nain de jardin. (N)

Amélie vit en banlieue. C'est une fille pas comme les autres. (U)

Le bon ordre :																

Atelier d'écriture

1 Collignon tête de...

En petits groupes, retrouvez le plus de mots possibles qui riment avec *Collignon* puis choisissez-en une douzaine qui, d'une manière ou d'une autre, « conviennent » bien au personnage. A partir de ces mots, composez une petite « ode à Collignon », dans laquelle vous pouvez bien sûr vous moquer de lui.

2 Sans toi

1 A deux, créez une série de mini-textes composés chacun de deux phrases qui s'opposent et qui doivent obligatoirement commencer par *Sans toi* ou par *Avec toi.*
2 Assemblez tous ou une partie de ces petits textes pour en faire une sorte de poème. Dédiez *(widmen)* ensuite votre poème à quelqu'un !

3 Si tu n'étais pas là

Relisez le premier couplet de la chanson de Fréhel (p. 16 du scénario). A deux, rédigez une suite, c'est-à-dire un deuxième couplet de 8 vers de 6 syllabes chacun. Pour vous aider, voici quelques mots que vous pouvez (ou non) utiliser :

une crainte, un tourment, une caresse, des projets, le monde, la joie, l'espoir, un rêve, la tristesse, se désoler, revenir, effacer, charmant, profond, parfois, jamais, toujours

4 Un univers à la Prévert

Dans une interview donnée au magazine *Synopsis* (livre de l'élève, p. 78-79), le réalisateur Jean-Pierre Jeunet reconnaît qu'il s'est beaucoup inspiré des textes de Jacques Prévert pour son film (L. 24-29).

1 Lisez ci-dessous le début du texte *Actualités** de Jacques Prévert *sans* chercher à comprendre tous les mots que vous ne connaissez pas, puis retrouvez dans le scénario du *Fabuleux destin d'Amélie Poulain* un passage qui lui ressemble. Dites en quoi consistent les ressemblances.

A New York ou ailleurs, assis dans son fauteuil de gloire, Lindbergh, l'aviateur, peut voir – comme si c'était lui – l'acteur qui joue le rôle qu'il a lui-même joué dans l'histoire.
Au cinéma du Moulin Rouge, aujourd'hui, par la porte entrouverte de la cabine de l'opérateur, on perçoit des clameurs, celles de la foule des porteurs en triomphe, à l'atterrissage au Bourget en 1927.
Ailleurs encore, dans une cinémathèque, Védrines atterrit en 1919 sur le toit des Galeries Lafayette.
Mais en même temps encore, c'est-à-dire aujourd'hui encore à Paris, le ciel du dimanche craque dans la tête des gens. (...) (* in: *Histoires*, © Gallimard 1963)

2 Lisez ci-dessous le début de trois autres poèmes de Prévert. Choisissez-en un, puis complétez-le de telle sorte qu'il « convienne » aux personnages mentionnés (ajoutez-y au minimum 4, au maximum 10 vers libres).

a) *Bretodeau* :

UN HOMME AVEC UNE BOÎTE
ENTRE AU MUSÉE DU LOUVRE
ET S'ASSEOIT SUR UN BANC
EXAMINANT LA BOÎTE
ATTENTIVEMENT
(...)

L'expédition
(in: *Histoires*, © Gallimard 1963)

b) *Georgette et Joseph* :

Tu es là en face de moi
dans la lumière de l'amour
Et moi je suis là en face de toi
avec la musique du bonheur
Mais ton ombre sur le mur
guette tous les instants
de mes jours
(...)

Les ombres (in: *Histoires*)

c) *Nino et Amélie* :

Les enfants qui s'aiment
s'embrassent debout
Contre les portes de la nuit
Et les passants qui passent
les désignent du doigt
Mais les enfants qui s'aiment
(...)

Les enfants qui s'aiment
(in: *Spectacle*, © Gallimard 1951)